KAHAANIYAN

DR. SHUBHI SHRIVASTAVA

यह किताब समर्पित है मेरे माता – पिता, भाई व उन सभी को जिनकी मदद से यह पूरी हो पाई है।

Contents

भूमिका

छोटे छोटे लम्हे जिंदगी भर याद रह जाते है या शायद यही छोटे छोटे लम्हे ही जिंदगी बनाते है। चाहे वो बचपन की करारी धूप हो, या अब बड़े होकर घर की याद, यही छोटी छोटी भावनाएं और उनसे जुड़े वकिये ही हमें बनाते है, और सवारते है।

इन्ही घटनाओ और भावनाओ से जुड़ी कुछ यादों की माला, इस किताब के माध्यम से पोहचाने का पूर्ण प्रयास किया है। कुछ बचपन की यादों को समेटा है तो कही जिंदगी के अनुभवों को बिखेरा है। बस कुछ खुशी कुछ गम बाटने का इरादा रख यह किताब आप तक मेरी कविताओं को पहुँचा कर आपको हमसे मिलवा रही है

झूठी बुनियादें

ऐतबार अपनो का होता है,

हम तो सिक्का खोटा है।

चमक कर भी बेकार है,

हाथ में जीत कर भी हार है।

कमी हम में रही?

या दोष ज़माने का है?

सच पर बिछा एक पर्दा!

चलन सिर्फ दिखावे का है।

मान लिया नहीं है हुनर हम में ,

यह झूठे बुनियादों का।

पर्दें के पीछे,कड़वा सच,

सजा है बाग दिखावो का।

बस बहुत हुआ,

अन्याय है यह सच के साथ!

उसके साथ जुड़े,

हर एक ज़ज़्बात के साथ।

नादान है वो,

जो यह पर्दा हटा नहीं सकते

चमकते दिखावे के बीच,

सच्चे ज़ज़्बात बता नहीं सकते।

नादाँ को नादाँ रहने दिया जाए।

ज़ज़्बातों पर भी पर्दा चढ़ा लिया जाए।

क्या फरक़ पड़ता इन नादानों से?

जो बातें समझ नहीं सकते

उस झूठे पर्दे के भीतर

झांक नहीं सकते?

मजदूर

उम्मीदों से भरी आँखें,

बस चल पड़े हर रोज़ सुबह।

दफ्तर का बस्ता, खाने का डब्बा लिए,

निकल पड़े किसी मजदूर की तरह।

मजदूर ही तो है!

अपनी मजबूरियों का।

आखिर गिरफ्त में तो है!

अपनी ज़िम्मेदारियों के।

परेशानी लिए हज़ार, निकल पड़े है,

हर सुबह दफ्तर की ओर।

वही रोज़ मर्रा की जिंदगी जिये,

थामे बस उम्मीदों की डोर।

पता नहीं, हम आज़ाद हुए भी है!

या बंध गए है, मजबूरियों से?

कहने को जी तो रहे है जिंदगी,

पर जूझ रहे है परेशानियों से।

कहने को आसान है जिंदगी,

पर वो तो जीने वाला ही बताएगा!

शाम को परेशानी का रोना रोकर,

अगली सुबह, फिर दफ्तर चला जायेगा!

पन्नो का पिटारा

खोली यादों की दराज़ मैंने,

देखा काग़ज़ों का ढेर पड़ा था।

जब बैठ कर छान्टा उन्हे तो देखा,

यादों का कुछ सिलसिला रखा था।

कुछ मामूली काग़ज़ों के बीच,

मिले मुझे ज़ज़्बात हज़ार।

कुछ बिखरी बिखरी सी यादें,

कुछ खत और चंद अखबार।

पढ़ने लगी जब बैठ कर एक एक लफ्ज़,

मानो गुज़र रही उन गलियों से फिर एक बार।

कुछ खुशी के आंसू, कुछ दर्द बता रहे थे,

अरे ये खत तो उन लम्हो से फ़िर मिला रहे थे।

वो हर पन्ना हज़ारों किस्से बता रहा था,

पन्ने दर पन्ने नया पिटारा बस खुले जा रहा था।

कुछ तो अलग था इस पन्ने के पिटारे में,

जिसे पढ़ने के लिए हफ़्तों इंतज़ार किया करते थे।

नाजाने कितने ज़ज़्बातों को एक पन्ने में उतार कर,

छोटे छोटे लफ़्ज़ों में कहानियाँ लिख दिया करते थे।

गलत ज़वाब

देख कर मेरी जिंदगी को, वो कमाल कह गए,

कैसे गिनवाउ उन्हे जो मलाल रह गये।

आईने में देख खुद को सवाल रह गए,

जीतनी थी दुनिया, यह हम कहाँ बह गए।

हारते हारते, देखो हम कहाँ खो गए,

बात करके बड़ी बड़ी, देखो फिर सो गए।

टूटते सपने, बिखर कर कुछ यूं गिरे,

ज़िम्मा बड़ा और सपने छोटे हो गए।

जीत कर खुद से खुद ही नवाब हो गए,

उत्तर फिर जिंदगी के गलत ज़वाब हो गये!

सुहानी रात

सुकून की साँस लिए,कुछ देर बैठा हुआ था,

काला आसमान सितारों से गजा हुआ था।

सरसराहट सुनी दूर से!

शायद हवा पेड़ों को चीर रही थी,

कुछ सुना पेड़ों के बीच!

गिलहरी अपनी अटकलिया खेल रही थी।

सितारों की चमक, अंधेरे में भी झलक रही थी,

पानी की कलकलाहठ, मेरे कानों में पड़ रही थी।

इतने सुकून की तलाश कब से मैं कर रहा था,

इस एक पल में जिंदगी भर की याद बटोर रहा था।

इस सन्नाटों में एक अलग शांति थी,

दिन भर के बाद, यह एक रात सुहानी थी।

दिसम्बर

चारों ओर कोहरा छा गया है,

अरे दिसम्बर आ गया है।

अब होगी बस ठंडी की बात,

छोटे दिन और लंबी रात।

पहाड़ों पर दिखेगी बर्फबारी,

यहां शॉल स्वेटर की पूरी तैयारी।

बाजार में सब्जियों की बहार आएगी,

नानी इस साल फिर स्वेटर बनाएगी।

छतों पर सबके बिछौने बीछ जाएंगे,

सुबह से शाम धूप में ही बिताएंगे।

बच्चे स्वेटर, स्कार्फ में छुप जाएंगे

रात होते होते फिर अलाव जलाएंगे

सरसों का साग , मक्के की रोटी ,

गाजर का हलवा भी बन गया है,

सुर्ख़ ठंडी हवा , करारी धूप लिए,

अरे देखो दिसम्बर फिर आगया है।

मै कौन हूँ

गहरे चाँद की शांति ,

चमकते सूरज का तेज़ हूँ।

पेचीदा सी गुत्थी,

चिट्ठी में छुपा संदेश हूँ।

हार के बाद ढूंढा हुआ सुकून,

जीत के जश्न मे बिखरा एक जुनून हूँ।

अटपटी सी उलझन में, सुलझन की गूंज,

फूलों से गजी हुई, एक इतराती निकुंज हूँ।

तंग गलियों की चेहकती हुई आवाज़,

गुनगुनाती शाम और सवेरे का आगाज़ हूँ।

ना पूछो किरदार मेरा,

मै किस्सो का पैगाम हूँ।

जहाँ खत्म होती है रातें,

मै सुबह का ऐलान हूं।

वादियाँ और वादे

चल पड़े उस मंज़िल तक,

जिसका न कोई सहारा था।

हवा चली थी सेहरिरि,

और दिलकश नज़ारा था।

हवाओं की तासीर कुछ बहकी सी थी,

हर फ़िज़ा कुछ अलग महकी सी थी।

मौसम भी ज़रा सर्द बना हुआ था,

वादियों के बीच कोहरा जमा हुआ था।

दूर दूर तक बस एक टक नजरे टिकी हुई थी,

एक सुकून की मिठास जैसे, मन में मिली हुई थी।

ऐसा सुकून हमारे शहरों में मिलता कहाँ है?

इस सुर्ख हवा सा रंग हमें दिखता कहाँ है?

आसान तो नहीं बस यहाँ आकर रम् जाना!

मुश्किल भी तो है यहाँ बस कर वापस जाना!

पहाड़ों की चाय की बात ही बेमिसाल है।

यहाँ की हर हवा, कहानी का सार है।

काश हम यही पहाड़ों पर,बस रुक जाते,

कम से कम कुछ समय और बिता पाते।

ख़ैर यादों को साथ लिए लौट जाते है,

और यहाँ के किस्से बार बार दोहराते है।

लौटेंगे यहाँ फिर कभी वादा तो कर जाते है।

पर कहाँ जिंदगी से दो पल भी निकाल पाते है।

हाँ यादों में हज़ार दफा लौटे है वहाँ!

पर असल में तो बस वादे रह जाते है!

असल मे तो बस किस्से रह जाते है!

जिंदगी

कभी कड़ी धूप सी तेज,

कभी गले से लगाती है ।

यह जिंदगी है साहब!

रोज़ नये रंग दिखाती है।

कभी रुला कर सुलाया है,

कभी खुशी से रात भर जगाया है।

कभी अपनो को दूर करा,

कभी नये रिश्तों से मिलवाया।

मेरी समझ से तो परे है यह,

उतार चढ़ाव से भरी है यह,

कभी दिल तोड़ती,

कभी उम्मीदों से मिलवाती है।

यह जिंदगी है साहब,

रोज़ नये सपने दिखाती है।

गाँव

एक बार यूहीं, चल पड़ा मैं एक गांव के ओर

लगा जैसे मानो वो राहें मुझे बुला रही थी।

बैठा कुछ देर मैं उन जर्जर दीवारों के बीच,

जिसकी हर दर्दर कोई किस्सा सुना रही थी।

छत से टपक रहा बारिश का पानी

और उसकी हर बूंद आईना दिखा रही थी।

एक प्याली चाय में घुला हुआ जैसे सुकून मिल गया

चाय के साथ पुरानी कहानियाँ भी परोसी जा रही थी

इन बेजान दीवारों ने सुकून समेटा कैसे है?

यह बात मुझे परेशान करे जा रही थी!

आखिर क्या है इस मिट्टी ओर जर्जर दीवारों में?

जो मुझे अपनी और खींचे जा रही थी?

शहर की भागदौड़ से दूर जैसे एक सुहाना घर मिल गया हो

बस यही सोच कर कल फिर भागदौड़ की तैयारी की जा रही थी।

घर से दूर

साल दर साल कैलेंडर बदलता गया,

वक्त बस यूहीं बीतता चला गया।

पता नहीं कब इतने बड़े होगये,

बस इस भागदौड़ में खो से गए।

कितना आसान लगता था,

सुबह से शाम गुज़र जाना।

मस्ती में रहकर,

बस दिन भर मस्ताना।

समय गुजरते, समय नहीं लगता,

अब तो खाने से भी पेट नहीं भरता।

कहां माँ के हाथ का खाना था,

कहां अब खाने का जी तक न करना।

जिंदगी तभी हसीन हुआ करती थी,

जब माँ बाल बनाया करती थी।

तब तो हर लम्हा जी जाया करते थे,

अब तो मानो बस कट रही है।

काश फिर हम पीछे जा पाते,

उन दिनों को फिर से जी पाते

आसान कहां हैं यूं बड़े हो जाना

घर से दूर अपना घर बनाना।

रंथम्बोर

सुबह सवेरे जल्दी उठ कर,

ख़ाने का भरपूर बांध कर,

पीले रंग का है पहनावा,

क्योंकि आज बाघ देखने है जाना।

बच्चे, बड़े सभी की है तैयारी,

आज है रंथम्बोर् घूमने की बारी,

खुली जीप मे हम सभी सवार थे,

आज की सैर के लिए हम तैयार थे।

जीप से हमको पूरा पार्क घुमाया,

गाइड भैया ने सब समझाया,

बाघ ढूंढने हम निकल पड़े थे,

चारो और टक टकी से देख रहे थे।

तभी सुनी दूर से एक दहाड़,

बाघिन बैठी मैदान के उस पार,

ड्राइवर भैया ने पहिया घुमाया,

हमको भी उस तरफ पोहचाया।

देख कर बाघिन को थोड़ा मन घबराया,

गाइड ने उसका नाम "लाडली" बताया,

पानी से खेलती वो थोड़ी दूर बैठी हुई थी,

अपनी मस्ती के खेल मे वो खोई हुई थी।

देखा था एक बाघिन को मैंने पहली दफा,

देख कर खुश हुई और हुई मै अचंभा,

सामने बैठा यह जानवर खुनकार भी होता है,

सोचकर यह, थोड़ा डर भी महसूस होता है।

आगे बढ़े तो देखा, दो बाघ लड़ रहे थे,

देख उनका रौद्र रूप, हम सहम रहे थे,

मज़ेदार था यह दृश्य, और आज का दिन भी निराला

था,

रंथम्बोर् का यह सफर सच में भरपूर रोमांच वाला

था।

दोस्त

है कुछ किस्से दोस्तों की यादों के,

उनकी मस्ती , शैतानी और बातों के,

कुछ दोस्तों के साथ सुबह शाम साथ खेला था,

और कुछ ऐसे जिनको कभी न देखा था।

ऐसे ही वो दोस्त आज भी मुझे याद है,

मिले तो कभी नहीं, नाजाने फिर भी खास है,

उन दिनों के किस्सों में हर बार वो आते हैं,

बस यूहीं कुछ लोग अपनी छाप छोड़ जाते हैं।

ऊंची छत से दूर कहीं उनकी छत दिख जाती थी,

शाम को टहलने की घड़ी उन बच्चों से मिल जाती थी,

ना कभी मिले उनसे , ना हम पहचानते थे,

फिर भी हर रोज़ शाम को , दूर से हाथ दिखाते थे।

घर शायद कुछ गली दूर था उनका,

फिर भी उनको न पहचानते थे,

बस दूर से धुंधला सा देख उनको,

हम भी हाथ दिखाया करते थे।

बचपन गुज़र गया, हम भी बड़े होगये,

नाजाने कौन थे वो बच्चे?

जो अनजाने से दोस्त होगये,

बिन जाने, बिन पहचाने भी,

वो भी यादों में बस अपनी छाप छोड़ गए।

मैं आजाद हूं

तन्हाइयों से घिरा हुआ मैं

फिर भी अकेला न रहा

तुफान दबा है सीने में

फिर भी सब समेट रहा।

चलता रहा मैं

अंजान राहों पे

लड़ता रहा मैं

बेहिसाब सवालों से

ना जानता मैं, मेरी मंजिल है कहां

हुआ मैं दूर खुदसे

हु खुदसे ही खफा

ना हूं कमजोर पर

हारा मैं खड़ा

जीतने के खातिर

हूं खुदसे ही लड़ पड़ा

ये मेरी मौत है या जीतने का जश्न

हराने के मुझे , ना जाने कितने हुए जतन

खुदसे जो मैं जीत गया , दूसरों की क्या बात है

आग मेरे सीने में , तो दुनिया सारी खाक़ है

खुदगर्ज है, ये दुनिया मुझको कह रही

दुनिया से घुटन , सांसे मेरी सेह रही

अगर दुनिया कल में जीती, तो मैं कल के बाद हूं

पीछे छोड़ दी सारी बंदिशें, हां मैं आजाद हूं।

खुदगर्ज़

खुदगर्ज़ सी है जिंदगी,

बेगर्ज़ भी तो मै नहीं।

बाट ते जो मै थक गया,

खुदगर्ज़ तो मै भी सही।

चल पड़ा मै, अकेले ही,

राहें दिखी, मंज़िल नहीं।

गुनगुनाते गीत अपने,

ना यार मिला , ना प्यार कहीं।

टूटा, बिखरा, खुद को संभाला,

यादों की चादर को ऐसे डाला।

गुम हूँ मै उलझन मे ही,

न समझा, ना कोई समझाया!

आखिरी साँसे

पूरी जिंदगी को चंद लम्हो में बटोरे

मै देख रहा था आखिरी साँस टूट ते हुए,

ज़िंदगी मे कमाई थी बस हिम्मत मैने

अब देख रहा हूं इस हिम्मत को छुट ते हुए।

आसान है क्या?

खुदगर्ज़ हो कर मिट जाना,

जिंदगी से यूं हारते हारते,

मौत को यूं जी जाना।

समझ है मुझे, इन आखिरी लम्हो की,

इन लम्हो में गुथे हर किस्से की,

आँखे मुंद कर मेरी अमृत मै पी रहा हूँ,

बस आखिरी लम्हो में,

जिंदगी फिर मै जी रहा हूँ।

नानी दादी की कहानियाँ

बचपन की गर्मी भी क्या खूब लुभाती थी,

जब नानी हर रात कहानियाँ सुनाती थी।

कभी राजा- रानी, तो कभी एक जख़्मी तोता था,

उनकी हर कहानी का किरदार भी गजब होता था।

एक एक किस्से में रंगों को बिछाते थे,

पूरी कहानी सुने बिना, आधे में सो जाते थे।

मज़ेदार कहानियाँ कुछ सीख भी दे जाती है,

हर रोज़ हमें ख़्वाबो की दुनिया में ले जाती हे।

वो छोटी कहानियाँ, बचपन का हिस्सा हो गयी,

सीख दादी की अब बस किस्सा हो गयी।

याद है कुछ कहानियाँ अभी भी कही यादों मे,

रम् से गए वो किस्से हमारी बुनियादों मे।

कहानियाँ भी तो उनके लाड़ का तरीका था,

बचपन सारा उनकी गोद मे बिता था।

उनका प्यार धूप में बरगद की छाँव होता है,

बुजुर्गों के प्यार सा न्यारा कहाँ कुछ होता है।

चांद

शरद की एक रात में,

आंगन को चमका रहा था,

रात के अंधेरों को चीर ,

अपनी छवि दिखा रहा था।

सोचा मैने करूं कुछ ऐसा,

चमकूं अंधेरे में चांद जैसा।

सुन कर बात मेरी चांद बस है पड़ा,

फिर आकर सुनाया मुझे चांद ने अपना दुखड़ा।

चमकता है वो रोज , पर अंधेरा उसे भी सताता हैं!

पूरा होकर फिर हर रोज वो घटता जाता हैं!

शांति का प्रतिबिंब , चांदी सा वो दिखता है!

अमावस्या की रात से फिर पूर्णिमा वो करता हैं।

कहां आसान है खत्म हो कर भी फिर से पूरा हो
जाना!

हर मुश्किल से लड़ कर बस यूं ही चमक जाना।

ज़रूरत में खास

ना खासों का खास हूँ!

ना जश्न का लिबास हूँ!

भागता रहा जिन रिश्तों के पीछे

ना उन रिश्तों की आस हूँ।

ना उनकी खुशी का हिस्सा,

ना गम में कंधे का एहसास हूँ।

ज़रूरत में पहला नाम मेरा,

और बस ज़रूरत में ही साथ हूँ।

अभी काम नहीं, तो बेकार हूँ,

जश्न में सदा, सभी के बाद हूँ,

मांगा क्या मैंने ऐसा उनसे?

के ज़रूरत के इलावा अंजान हूँ।

कहते रहे सबसे खास हो तुम,

दिल के सबसे पास हो तुम!

बड़ी बड़ी बातें तुमसे करके,

दिखा देते सभी के बाद हो तुम.।

दिखावे में उलझा कर यूँ

बस बांध रखा था खुद के पास,

न समझा किसी रिश्ते के लायक,

बस दी दिखावे की झूठी आस।

दुनिया के बेहतरीन तराजू बन,

मुझे कमज़ोर समझ रहे थे।

दुनिया बनाई दिखावे की,

मुझे, नालायक समझ रहे थे।

न ठहरा कमज़ोर मै,

न मै उनके काबिल हूँ।

सही है सोच उनकी,

साथ नहीं, उनके आगे हूँ।

न बना दोस्त उनका,

चलो मददगार ही सही।

समझना न बेकार मुझे,

आया हूँ काम ज़रूरत मे ही ।

छोड़ो इसका भी क्या हिसाब रखे।

बैगरैतीं उनकी भी चलो माफ़ करे।

खास तो वो होते, जिनपर हक़ हो,

खैर, उनके खास उन्हें ही मुबारक हो।

मेला

कड़ाके की ठंड, कार्तिक का मास,

मेले का आगाज़ हुआ फिर एक बार।

जगमग जगमग सजा हुआ है,

खेलने में हर कोई लगा हुआ है।

खाने को पकवान है हज़ार,

गराडू गरम गरम बिल्कुल त्यार।

कपड़ो की दुकानों पर है भीड़ अपार,

बच्चों के लिए खिलौने और मोटर कार।

सभी अपनी मस्ती में रमे हुए है,

चेहरे खुशी से भरे हुए है।

चारो तरफ बस रंग बिखरे हुए है,

खेलो पर भी लोग जमे हुए है।

ठंड भूल कर, मशरूफ है सारे,

रंगबिरंगे सजे गुब्बारे।

हर जगह सिर्फ चहकती सी आवाज़ है,

यह तो बस कार्तिक मेले का आगाज़ है।

यादों की दहलीज

आज भी वहीं हूं मैं,

जहां सालों पहले था।

रोज खुदसे और इस दुनिया से कहता हूं के

उन पन्नों को पलटे अरसा हो चुका है,

पर हर रोज खुदसे ही छुप कर उन पन्नों को दोहराता
हूं।

हर रोज उसे नए सिरे से पढ़ने की कोशिश करता हूं।

जो घर उम्र भर के लिए ख्वाबों में बसाई थी,

उसकी दहलीज तक जाकर खुदसे मिलता हूं,

खुदसे पूछता हूं के,

यहां से जाकर भी क्यूं सुकून न मिला!

और यहां होकर भी क्यूं,

खुदको न समझ सका!

क्यूं मैं उस समंदर को रोकने की दौड़ पे था,

जिसकी फितरत में बह जाना होता है!

जिसे कुछ लम्हों के लिए पास ,

और पल में ही दूर चले जाना होता है।

आज मैं समझ चुका हूं के,

रेत की लकीर कभी किस्मत नहीं बन सकती ,

और इन लकीरों में छिपी मेरी कहानियों की कीमत
ये समंदर नहीं समझ सकती।

–   सुशोभन रे, ऋषभ कमल(रिशबिट्ज)